Original en couleur

NF Z 43-120-8

ŒUVRES de Georges COURTELINE

l'illustre Piégelé

ALBIN MICHEL, ÉDITEUR
59, RUE DES MATHURINS, PARIS

Les Œuvres
De GEORGES COURTELINE

30 centimes le Volume
Franco : 40 Centimes

Rien de plus amusant que la collection des livres de **Georges Courteline** : *Les Gaîtés de l'Escadron, Le Train de 8 h. 47, Boubouroche, Messieurs les Ronds de Cuir*, etc., car **Courteline** est le seul qui ait su faire jaillir avec intensité le comique découlant du ridicule des hommes et de la bêtise des choses. Une philosophie railleuse se joue sous la vérité simple et forte de ses peintures de la vie de bureau autant que de la vie de caserne et il faut admirer en lui un des plus parfaits écrivains de ce temps.

Nous croyons donc avoir eu une heureuse idée en mettant **l'Œuvre de Courteline** à la portée de toutes les bourses en la publiant par volumes de 80 pages ornées de nombreuses illustrations de **Steinlen**, de **Albert Guillaume** et de **Barrère**, sous couvertures illustrées, pour la modique somme de **30 centimes** le volume. C'est un véritable tour de force.

Les **Œuvres de Georges Courteline**, à **30 centimes** le volume, sont en vente dans toutes les librairies, kiosques, bibliothèques, gares et marchands de journaux. La collection comprend 24 volumes.

Le Train de 8 h. 47.	Dindes et Grues.
Les Gaîtés de l'Escadron.	Messieurs les Ronds de Cuir.
Lidoire et Potiron.	
Boubouroche.	Ah ! Jeunesse !...
L'Ami des Lois.	Théodore cherche des allumettes.
Femmes d'Amis.	
Margot.	Facéties de Jean de la Butte, etc.
Les Fourneaux.	

Pour recevoir à domicile et franco de port par la poste la collection des **Œuvres de Courteline**, au fur et à mesure de l'apparition des 24 volumes, envoyez à M. Albin Michel la somme de **10 francs** en timbres ou mandat, bon de poste.

2515-04. — CORBEIL. Imprimerie ÉD. CRÉTÉ.

L'Illustre Piégelé

PAR

GEORGES COURTELINE

Illustrations de L. Bombled, Albert Guillaume et Barrère

PARIS
ALBIN MICHEL, ÉDITEUR
59, RUE DES MATHURINS

Tous droits réservés

L'OURS

SCENE PREMIERE

(*Les coulisses du petit théâtre de l'Ambigu-Dramatique.*)

  LAPOTASSE, *costumé en Brésilien farouche.*
Ecoute-moi bien, Piégelé.

  PIÉGELÉ, *costumé en ours et tenant sa tête sous son bras.*
Je suis tatoué, Lapotasse... (*Se reprenant*). Heu !.. je suis tout ouïe, c'est-à-dire...

LAPOTASSE, *solennel*.-

Grâce à mon intervention, te voici enfin parvenu à la réalisation de tes vœux les plus chers : tu es artiste ! Dans un instant, tu auras paru devant ton souverain juge, le grand public parisien. Tu y auras paru, il est vrai, sous les traits modestes d'un ours, mais... — Piégelé, tu me porte sur les nerfs, à regarder ta tête au lieu de m'écouter.

PIÉGELÉ

Je t'écoute, Lapotasse, je t'écoute.

LAPOTASSE

Je t'en suis obligé. —... Mais, dis-je, il n'y a pas de petits emplois, il n'y a que de petits acteurs. Médite cette vérité. Ceci posé, prête la plus attentive oreille aux instructions que tu vas recevoir de ton aîné, maître, et ami. ... De tes débuts, Piégelé, une carrière tout entière dépend !... — Mon Dieu que tu es agaçant de laisser tomber ta tête à chaque minute.

PIÉGELÉ

Ne te fâche pas, Lapotasse.

LAPOTASSE

De tes débuts, — j'insiste sur ce point essentiel, — dépend une carrière tout entière. Donc... — Quand tu auras fini de débarbouiller ta tête avec le fond de ta culotte, tu me feras un sensible plaisir —... voici la situation ; tâche voir à ne pas te tromper. Je fais le Brésilien Hernandez ; toi tu fais l'ours que je dois tuer d'un coup de rifle. Très bien ; je suis en scène et je dis : « Caramba ! »

PIÉGELÉ.

Caramba !... C'est de l'espagnol !

LAPOTASSE, *très important.*

Ne t'inquiète pas de ça, ce n'est pas ton affaire. Est-ce que tu es compétent pour savoir si c'est de l'espagnol ? Non. Alors, de quoi te mêles-tu ? (*Haussement d'épaules.*) C'est curieux, ce besoin de compéter sans savoir. D'abord, les Brésiliens sont des espèces d'Espagnols.

PIÉGELÉ

C'est juste. Continue.

LAPOTASSE

Bon ! Au même moment où je dis : « Caramba ! » toi tu entres, et tu imites l'ours. Sais-tu imiter l'ours ?

PIÉGELÉ

Oh ! très bien.

LAPOTASSE

Imite voir.

PIÉGELÉ, *imitant l'ours.*

« Paye tes dettes ! Paye tes dettes ! » Ah non ! je confondais avec la caille ! L'ours, c'est comme ça : (*Imitant.*) « Couic ! couic ! couic ! »

LAPOTASSE

Eh non ! ce n'est pas comme ça ! Tu fais le cochon d'Inde en ce moment. L'ours, voilà comment c'est. (*Imitant.*) « Hoû ! Hoû ! Hoû ! »

PIÉGELÉ, *répétant.*

« Hoû ! Hoû ! Hoû ! ».

LAPOTASSE

Tu y es. Moi, là-dessus, qu'est-ce que je fais ? Je te fous un coup de fusil.

PIÉGELÉ, *inquiet.*

.. Pour de rire ?

LAPOTASSE

Naturellement, pour de rire. Alors tu tombes mort, et c'est tout. Tu as bien compris ?

PIÉGELÉ

Parbleu ! me prends-tu pour un idiot ? — Ah ! dis donc, et si le fusil rate ?

LAPOTASSE

Le cas est prévu : j'ai une arme à deux coups. Tu attendrais.

PIÉGELÉ.

Entendu.

LAPOTASSE

Hé bien ! attention tiens-toi prêt ! Voici le moment de mon entrée.

PIÉGELÉ

Sois tranquille. (*A part.*) Je crois que je ne serai pas mal, dans l'ours. Je le sens, ce rôle, je le sens !

SCENE II

La scène. Le décor représente une forêt vierge.

LAPOTASSE, *achevant son monologue.*

« Caramba ! »

(*Entrée de l'ours. Mouvement dans la salle.*)

L'OURS

« Hoû ! Hoû ! Hoû ! »

LAPOTASSE, *jouant.*

« Que vois-je, un ours !... A moi, mon bon rifle de Tolède ! »

(*Il ajuste l'ours et presse du doigt la gâchette. Le fusil rate. Rires dans la salle.*)

L'OURS

« Hoû ! Hoû ! »

LAPOTASSE, *improvisant*.

«Attends, lâche animal ! Ah ! tu crois me faire peur ! Peur à moi !... l'intrépide Hernandez ! »

(*Il ajuste l'ours de nouveau.*)

« Meurs donc ! »

(*Il presse la gachette. Le fusil rate une seconde fois. Rires énormes dans le public.*)

L'OURS, *à part*.

Ah diable ! Je ne sais que faire. moi. Ma foi tant pis ! (*Haut.*) « Hoû ! Hoû ! Hoû ! »

LAPOTASSE, *exaspéré et ne voulant pas manquer son effet*.

« Ah ! c'est ainsi ! et mon arme fidèle me trahit à l'heure du danger !... » (*Il empoigne l'arme par le canon et assène sur la tête de l'ours un formidable coup de crosse.*

— Meurs !

L'OURS

Sacré nom de Dieu de nom de Dieu ! Enfant de salaud qui m'a mis un coup de crosse ! J'en ai la mâchoire détraquée et la gueule comme une tomate.

MONSIEUR LE DUC

Sur la scène, derrière le rideau, un soir de première. La herse, qui brûle dans les frises, éclaire un intérieur de palais moyen âge.

LE RÉGISSEUR, *affolé.*

Oh sapristi ! l'avertisseur qui va frapper les trois coups, et ma figuration n'est même pas placée !... L'avertisseur, s'il vous plaît, une minute !

(*Il s'arrondit les mains en cornet sur la bouche, et à pleine voix hèle les figurants logés dans les combles du théâtre.*)

Oh hé ! les seigneurs ! oh hé ! On va frapper ! En scène, les Seigneurs ! grouillez-vous !

Descente bruyante des figurants par une échelle de meunier. Ils sont vêtus de costumes Louis XI. Der-

rière eux viennent, sans se hâter, des cardinaux en robe pourpre.

Hé bien ! dites donc, les cardinaux, tas de chameaux, ne vous pressez pas. Faut-il que je vous fasse descendre avec une trique ?

Les seigneurs et les cardinaux viennent se ranger à droite et à gauche de la scène.

Un peu moins de bruit, s'il y a moyen, et tâchez voir à écouter ce que je vais avoir l'honneur de vous dire. Tantôt, à la répétition générale, vous avez été au-dessous de tout. Les auteurs sont très mécontents. Comment, espèces de crétins, on vous...

A deux figurants qui se chamaillent.

Qu'est-ce qu'il y a encore, là-bas ?

UN SEIGNEUR

C'est le connétable de Bourgogne qui me mollarde sur les pieds.

LE RÉGISSEUR

Je vais aller lui cueillir les puces, moi, au connétable de Bourgogne.

(*Poursuivant.*)

Comment ! espèces de crétins, on vous annonce : « Monsieur le duc de Montmorency ! » et vous

n'avez pas l'air plus épaté que ça ? (*Haussement d'é-
paules.*) Sachez, cuistres, ânes bâtés, que la famille des
Montmorency était alors une des premières familles
de France, que les Montmorency... (*A un cardinal
qui rigole.*) —... Je vais foutre mon pied dans le cul
au nonce du pape... — ... étaient cousins du roi, et que,
par conséquent, à l'annonce de ce grand nom, vous
devez témoigner de votre déférence sans bornes.
D'ailleurs c'est dans le manuscrit. Voici le texte :
(*Lisant.*) « Monsieur le duc de Montmorency ! (Mouvement chez les seigneurs.) » Mouvement chez
les seigneurs, cela signifie, brutes, que... — Ah çà !
mais vous n'êtes pas au complet ici ! Où est donc
saint François de Paule ?

UN SEIGNEUR

Il est allé boire un demi-setier avec l'évêque de
Narbonne.

LE RÉGISSEUR

Où ça donc ?

LE SEIGNEUR

Chez le concierge.

LE RÉGISSEUR

Trop fort !

(Il sort et reparaît une minute après, chassant devant

lui à grands coups de pied dans le derrière l'évêque de Narbonne et Saint François de Paule.)

LE RÉGISSEUR

Tiens, l'évêque ! Tiens, Saint François ! Tiens, l'évêque ! Tiens, Saint François ! Allez vous placer à la gauche, maintenant... Eh ! l'évêque, tourne-toi donc un peu Tu as encore pissé sur tes souliers, cochon ! Vingt sous d'amende ! (*L'évêque veut placer un mot.*) Assez ! Assez ! Va te mettre à la gauche, je te dis. (*L'évêque obéit.*) Qu'est-ce que je disais donc ? Ah oui ! Mouvement chez les seigneurs, cela signifie, brutes, que vous ne devez pas accueillir ces paroles : « Monsieur le duc de Montmorency ! » avec la même indifférence que vous accueilleriez celles-ci par exemple : « Avez-vous des bouteilles à vendre ? » Non seulement vous devez saluer jusqu'à terre, mais encore, ainsi que je vous le disais tout à l'heure vous devez par un rien, par un je ne sais quoi, un tressaillement imperceptible, indiquer que vous vous sentez en présence d'un personnage considérable. Ce n'est pas bien malin, que diable ! Ça se comprend mieux que ça ne s'explique. Du reste, ceux qui n'auront pas compris auront affaire à moi. Tenez-vous-le pour dit. L'incident est clos. Frappez, l'avertisseur !

(*Trois coups. Rideau. La claque fait une ovation au décor.*)

(*On annonce*) : Monsieur le duc de Montmorency.

PREMIER SEIGNEUR

Ah ! Ah !

DEUXIÈME SEIGNEUR

Oh ! Oh !

LE CONNÉTABLE DE BOURGOGNE

Bougre !

TROISIÈME SEIGNEUR, *faisant claquer ses doigts.*

Hé bien, mon salaud !

PIÉGELÉ, *en évêque de Narbonne.*

C'est pas de l'eau de bidet, cré nom !

ROLAND

A Marcel Schwob.

SCENE PREMIERE

(*Les trois coups de l'avertisseur. L'orchestre attaque, mais au même instant, Piégelé costumé en guerrier moyen âge apparaît devant le rideau ; il fait un signe à l'orchestre qui se tait.*)

PIÉGELÉ

Mesdames et Messieurs, pendant que notre illustre Sarah achève de se faire friser pour la reprise du

L'ILLUSTRE PIÉGELÉ

« Fils de Ganelon », je vous demanderai une seconde d'attention pour une petite affaire personnelle. Jusqu'à ce jour, je m'en étais tenu à remplir l'emploi, plutôt modeste, d'un messager sarrazin. — Ça consistait à saluer Charlemagne et à lui remettre une lettre avec toutes les marques de la considération la plus distinguée. Je m'en tirais assez gentiment, mais enfin, comme effet produit c'était plutôt limité. Or, Ledaim, qui remplit le petit rôle de Roland, s'étant trouvé indisposé, j'ai profité de la circonstance pour faire un petit peu de chahut et j'ai obtenu de le remplacer au pied levé. — Je vais donc débuter tout à l'heure dans le rôle de Roland, — vingt lignes... dont je ne sais d'ailleurs pas la première syllabe. Oh! mais là! rien! pas une broque! Ce n'est pas de ma faute; je n'ai pas de mémoire! c'est même curieux pour un comédien — aucune mémoire. Sorti de : « Ah! ah! voici ma fidèle armée! » je ne me rappelle pas un mot. (*Philosophe.*) Ah! et puis qu'ça fait ? je prendrai du souffleur. (*Au souffleur.*) Tu entends, Courgougniou ? Ah! zut! Il n'y est pas! En voilà un souffleur! Quand il ne dort pas, il est chez le marchand de vin. — Je vous demanderai donc, Mesdames et Messieurs, de m'accorder toute votre indulgence, au cas où le manque de mémoire, joint à l'émotion inséparable d'un premier début...

L'AVERTISSEUR, *passant sa tête par le manteau d'Arlequin.*

Comment, vous êtes-là ? Voilà une heure qu'on vous cherche de tous les côtés ; et on vous trouve faisant la conversation avec les spectateurs ?... Vingt francs d'amende !...

PIÉGELÉ, *suffoqué.*

Vingt fr... ! Un mois d'appointements !

L'AVERTISSEUR

En scène ! En scène !...

PIÉGELÉ

Voilà... (*Sortant.*) J'ai encore deux ou trois minutes, si j'essayais de rassembler mes souvenirs... Voyons, j'entre et je dis : « Ah ! ah ! voici ma fidèle armée... » Parfaitement ; je ne me rappelle pas un mot. (*Philosophe.*) Ah ! Et puis je m'en fiche, je prendrai du souffleur.

(*Il sort.*)

SCENE II

(*Le décor représente les gorges de Roncevaux*).

LES PREUX, *entrant.*

Noël ! Noël ! Gloire à l'illustrissime Roland !

PIÉGELÉ.

« Ah ! ah ! Voici ma fidèle armée... » euh... « ma fidèle armée... » (*Il va au souffleur.*) Courgougnioux !

LE SOUFFLEUR

« Ma fidèle armée... ma fidèle armée... » Ah ! voilà. (*Il souffle.*) « Voici mes vieux compagnons d'armes. Salut, ô mes preux ! »

PIÉGELÉ, *jouant*.

« Voici mes vieux compagnons d'Arles ; salut aux nez creux. »

LE SOUFFLEUR, *rectifiant*.

« Ô mes preux ! »

PIÉGELÉ, *qui n'a pas saisi*.

Quoi ?

LE SOUFFLEUR

« O mes preux ! »

PIÉGELÉ

« Aux lépreux », c'est vrai. « Salut aux lépreux !.. » Euh... euh... euh...

LE SOUFFLEUR

« Je suis le fameux paladin ! »

PIÉGELÉ, *d'une voix éclatante.*

« Je suis le fameux Paul Adam ! »

LE SOUFFLEUR

« Paladin !

PIÉGELÉ, *se reprenant.*

« Péladan, » pardon ! « Je suis le fameux Péladan ! »

LE SOUFFLEUR

« Autour de mon nom brille une légende illustre. »

PIÉGELÉ

« Auteur de mon nombril, légende illustrée. »

LE SOUFFLEUR

« Par cents fait. »

PIÉGELÉ.

« Par Sanfourche. » Heu... heu... (*à part*) Je ne me rappelle pas un mot, c'est épatant. Avec ça, le public commence à faire une tête... tout à l'heure ça va se gâter. (*Haut.*) Heu... Heu...
(*Tumulte dans la salle.*)

LE SOUFFLEUR

« Hé bien, mes preux. »

PIÉGELÉ

« Hé bien, lépreux. »

UN SPECTATEUR

Assez à la porte !

LE SOUFFLEUR

« Aussi vrai que je suis Rolland ! »

PIEGELÉ

« Aussi vrai que je suis Laurent... Durand, je veux dire ;... non pas, Durand... chose ! »

LE SOUFFLEUR

« Aussi vrai que je suis neveu de Charlemagne. »

PIÉGELÉ

« Aussi vrai que je suis le vieux Charlemagne. »

LE SOUFFLEUR

« Je suis content. »

PIÉGELÉ

« Je suis Gontran. »

LE SOUFFLEUR

« A voir tant de vaillances... »

PIÉGELÉ

« Avorton de Mayence ! » heu... heu... « Je suis

Gontran, avorton de Mayence ! » heu !... heu !...
« Salut aux lépreux ! »

(*Dans la salle, potin indescriptible : huées, sifflets aigus, cris d'oiseaux.*)

PIÉGELÉ, *justement indigné.*

Oh ! vous pouvez faire du pétard, ça ne change rien à la question ! (*Très affirmatif.*) Je suis Gontran, je suis Gontran, vous dis-je, et je suis également Laurent, et même l'Empereur Charlemagne ! Honte et mépris à la cabale ! C'est une indignité de s'opposer ainsi à l'éclosion des talents jeunes !

LE PUBLIC

Au rideau ! Des excuses ! On insulte les spectateurs !

LE SOUFFLEUR, *qui tient bon.*

« Sus aux Sarrazins ! »

PIÉGELÉ.

« Suce un Sarrazin ! »

LE PUBLIC

Assez ! Assez donc !

LE SOUFFLEUR

« Je veux voir tournoyer au-dessus de leurs têtes l'épée immense du grand Empereur ! »

PIÉGELÉ

« Je veux voir tournoyer au-dessus de de leurs têtes les pieds immenses du grand Empereur. »

LE RÉGISSEUR, *paraissant en scène.*

Retirez-vous !

PIÉGELÉ

Jamais !

LE RÉGISSEUR

A moi !

(*Entrent des machinistes, des pompiers, des garçons d'accessoires, lesquels s'emparent de Piégelé. — Hurlements dans la salle.*)

PIÉGELÉ, *soulevé de terre et emmené à bout de bras.*

Je n'ai pas fini, je n'ai pas fini ! c'est ignoble. On veut m'empêcher de me produire ! Salut aux lépreux !... Salut aux lépreux ! Je suis... Je suis... heu... Je suis Galswinthe...

(*Il disparaît.*)

L'INCENDIE

J'ai fait hier un rêve symbolique dont je ne suis pas mécontent.

Voici ce rêve.

Sur un théâtre que je ne reconnaissais pas, je voyais jouer une comédie dont je ne comprenais pas un mot, encore qu'elle ne m'apparût pas comme dénuée de toute valeur. Simplement elle était obscure, d'une obscurité de tombeau à travers laquelle, par instant, passaient des souffles de vague grandeur qui me faisaient hocher la tête et penser en moi :

— C'est bien, ça !... Il y a du talent, là-dedans.

Tout à coup, derrière mon dos, un grand brouhaha et des cris. Je regardai et je m'aperçus, avec cette sérénité que sait garder l'âme dans le rêve, que le feu avait pris à la salle. A cette heure une fumée épaisse l'emplissait, et, du balcon au poulailler, des gens hurlaient éperdus, en proie à d'horribles angoisses. Ils disputaient entre eux et bataillaient les uns les autres, les plus robustes foulant aux pieds les plus faibles afin de leur passer sur le corps et de gagner un peu plus vite la sortie. C'était un terrible spectacle, dont je n'étais point ému d'ailleurs et qui, même, ne laissait pas que de m'intéresser vivement.

Mais ma surprise fut extrême de voir, d'un élan spontané, les acteurs s'approcher de la rampe et crier de toutes leurs forces :

— Ne vous en allez pas ! Ne vous en allez pas ! Nous n'avons pas encore fini. Attendez, mesdames et messieurs ; vous allez voir comme nous jouons bien, comme nous avons du talent !...

La conscience de leur valeur les aveuglaient à un tel point qu'ils ne prenaient point souci à songer que les autres brûlaient. Peut-être, même, ne voyaient-ils pas l'incendie !... Or, la foule demeurant sourde à leurs prières, il advint qu'un des comédiens, pourvu sans doute de la puissance magnétique, fut pris d'une violente colère. Il vint à la boîte de souffleur, étendit le bras dans le vide en s'écriant d'un ton de commandement :

— Restez !

Et les spectateurs, comme frappés de paralysie, eurent les pieds rivés au sol, pareils, dès lors, à de rugissantes statues, les regards fixés malgré eux sur les acteurs qui s'étaient remis à bien jouer.

Car en vérité ils jouaient bien. Deux, surtout : un grime à perruque, duquel les bouffonnes contorsions étaient à faire pâmer de rire, et un exquis jeune premier, dont la bouche fleurie de phrases amoureuses évoquait l'idée d'un cul de poule qui aurait pondu du miel. Ils se complaisaient tellement à s'écouter, qu'un moment vint où ils se mirent à parler tous deux à la fois, chacun n'en tendant que sa propre diction, déclamant avec une volubilité surprenante et s'interrompant de temps en temps pour jeter aux gens de la salle qui se lamentaient de plus en plus et braillaient à qui mieux mieux :

— Ne criez donc pas comme ça. Vous n'écoutez pas ce que je dis. C'est ridicule.

Cependant l'incendie gagnait. On en entendait le grondement sourd, dans les dessous du théâtre. Soudain d'entre les fentes du plancher de la scène, des langues de feu surgirent, et bientôt la scène tout entière fut envahie par les flammes. Les comédiens, impassibles, jouaient toujours ; et je pensais :

— C'est le suintement de leur vanité qui, les isolant, les protège.

La salle maintenant n'était plus qu'un brasier empli de cris épouvantables. Mais, comme, d'un tas de fumée opaque, s'élevaient les voix des acteurs entêtés à se faire admirer et annonçant : « Nous n'en avons plus que pour une petite demi-heure » ; les pompiers jugèrent que la farce avait suffisamment duré. Ils pénétrèrent sur la scène de tous les côtés à la fois, et, à coups énormes de leurs haches, ils rédui-

sirent au silence ces exécrables personnes. Ceci au grand soulagement des spectateurs qui n'étaient point encore calcinés, et qui, rendus à la liberté de leurs mouvements, regagnèrent leurs domiciles en toute hâte.

LE CHEVALIER HANNETON

I

Féru d'amour pour la petite Machinchouette du théâtre des Douces-Folies, où elle faisait le troisième coléoptère dans le ballet des insectes du *Chai-Echaudé*, je résolus de prendre exemple sur le capitaine Fracasse et de parvenir par le cabotinage jusqu'au cœur de celle que j'aimais.

Legourdo, que nous vîmes depuis aux Menus-Plaisirs, menait en ce temps les Douces-Folies, je dirai même qu'il les menait à la faillite avec une incomparable dextérité. Je vins solliciter de lui un petit emploi dans sa troupe (à titre purement honorifique, est-il nécessaire de le dire ?) et je demeurai confondu de l'accueil charmant qu'il me fit. Non seulement il se mit à ma disposition de la meilleure grâce du monde mais encore il me proposa spontanément de m'intéresser à son entreprise pour une somme de cinq cents louis !...

Touché de cette marque de sympathie, j'acceptai l'offre avec le plus vif plaisir.

— Vous pouvez, me dit-il alors, vous vanter d'avoir de la veine. J'ai reçu aujourd'hui de Marbouillat, qui jouait le chevalier Hanneton, à l'acte du royaume des insectes, une lettre m'informant qu'il me lâche. Voilà tout à fait votre affaire. Soyez ici ce soir à neuf heures et demie.

Je m'exclamai :

— Comment, ce soir !... C'est ce soir que je débuterai ?

— Sans doute.

— Diable ! fis-je à mi-voix en effritant du bout de mon ongle le cratère de la petite verrue qui fleurit à l'extrémité de mon appendice nasal, c'est peut-être un peu précipité. Je n'y mets aucune prétention ; cependant, je voudrais débuter dans des conditions convenables ; je ne tiens pas à me faire emboîter devant la petite Machinchouette. Or, pour peu que le chevalier Hanneton ait seulement deux cents lignes à dire...

A ces mots :

— Rassurez-vous, dit Legourdo, les doigts agités dans le vide en un geste pacificateur ; le rôle n'a pas cette importance. Il est tout de finesse et de tenue. Tranchons le mot : c'est un rôle muet.

Puis voyant mon front s'empourprer d'une rougeur d'humiliation :

— Je m'empresse d'ajouter, reprit-il, qu'il est d'un effet certain.

— Oui ?

— Oui.., et — qualité appréciable — de nature à avantager la plastique des personnes bien faites.

— Ah ! ah !

— Voilà qui vous décide ?

— Un mot encore, répondis-je. Comment est-ce que je serai habillé ?

— En or et noir.

J'entendis mal. Je me vis costumé en vespasienne, et l'évoqué dégradant d'une semblable mascarade me jeta au violent soubresaut d'un monsieur qui reçoit une claque ; mais Legourdo ayant rectifié le tir et dissipé la confusion dont je venais d'être victime, je sentis, comme Ange Pitou dans la *Fille de Mme Angot*, mon cœur renaître à l'espérance. Il s'ouvrit tout grand à l'orgueil lorsque mon interlocuteur, d'un simple et combien éloquent : « Vous apparaissez par une trappe », eut fait flamboyer à mes yeux la torche des gloires assurées. Quoi ! tout de noir et d'or vêtu, j'apparaîtrais par une trappe ?... Somptueux et majestueux, lentement, je surgirais au-dessus du plancher de la scène comme une manière de soleil au-dessus d'une espèce d'océan ?... et ceci dans l'éblouissement d'un jet de lumière électrique ?... Ne doutant pas que, dans ces conditions, je dusse faire sur l'esprit de la petite Machinchouette une impression favorable, je n'avais plus à hésiter.

— Eh bien ! c'est entendu, dis-je à Legourdo ; vous pouvez compter sur moi. A l'heure dite je serai ici.

II

Et à l'heure dite, je fus là. Le régisseur de la scène, que j'aperçus derrière un portant, et à qui je vins demander, le chapeau à la main, de vouloir bien m'indiquer ma loge, fixa et arrondit sur moi des yeux en gueule de tromblons. C'était un homme formidable, aux épaules de déménageur, au crâne taillé dans un pavé.

Comme il restait sans paroles, avec l'air de ne pas comprendre :

— Ma loge ?... répétai-je, ma loge ?... pour m'habiller !... C'est moi qui remplace Marbouillat dans le rôle du chevalier Hanneton.

Ah ! il comprit du coup !

J'eus un recul terrifié.

Les poings hauts, les mâchoires béantes, le personnage s'était brusquement rué sur moi, et sans que je pusse démêler, même d'une façon embryonnaire, le pourquoi de son emportement, il se mit à me couvrir d'injures, criant que je n'étais « qu'une saleté de figurant », demandant depuis quand « les poires » de mon espèce se permettaient de pénétrer sur le théâtre en dépit des règlements formels, disant que « je lui foutais des vents » avec mes petits favoris, et que si je ne me dépêchais d'aller retrouver les comparses, là-haut, au sixième étage, dans la loge de la figuration, il allait m'y conduire lui-même à coups de souliers au derrière ; enfin, des choses très mortifiantes, d'autant plus faites pour me toucher que la présence de la petite Machinchouette, malencontreusement survenue au moment de l'entretien, et dont l'assassine goguenarderie, compliquée de : « C'te gueule ! C'te gueule ! » à moi lancés comme des banderilles, redoublait mon humiliation.

J'abrégeai cette scène pénible en gagnant précipitamment le sixième étage du théâtre.

Un quart d'heure plus tard, ivre de joie, je mirais dans le cadre d'une glace ma triomphante silhouette de chevalier Hanneton.

Mon costume me rendait pareil à un jeune dieu ; je le dis sans fausse modestie. Matelassé çà et là de petits sachets ouateux, propres à souligner la grâce, charmante sans doute mais un peu frêle peut-être, de mes cuisses et de mes mollets, il se composait d'un collant de soie noire et d'un corselet, noir aussi, sur lequel mordait le vis-à-vis d'une double rangée de dents blanches. Deux ailes larguées dans mon dos y épanouissaient, — joie des yeux ! — la splendeur de l'or en fusion, en sorte que c'était vraiment d'un goût exquis. Cependant, il y avait plus beau ; oui, il y avait plus beau encore : mon casque !... à facettes, s'il vous plaît, verni comme des souliers de bal et pourvu d'une paire d'antennes qui dressaient vers le ciel leurs phalanges écartées, pareilles aux suppliantes mains d'un jeune mère implorant en faveur de son nouveau-né la pitié du lion de Florence. Eblouissant de mille feux et jouant le jais à s'y méprendre, il empiétait sur mes pommettes, masquait mon front jusqu'aux sourcils, caparaçonnait mon menton depuis la lèvre inférieure, emprisonnait mon nez sous une toile métallique que mon habilleur, homme habile, avait, au préalable, enduit d'un badigeonnage de pétrole destiné à donner du reflet. Je vous dis que c'était d'un goût !... J'avais l'air encapuchonné dans un morceau de charbon de terre. Oui, je devais connaître en ce jour à quelles acuités délicieuses peuvent atteindre les transports d'une personne flattée dans son amour-propre. N'importe, le devoir m'appelait par la bouche de l'avertisseur paru sur le seuil de la loge et hurlant formidablement : « A vous, le Hanneton !... A vous ! » Je m'élançai. La hâte légitime où j'étais de mordre à même mon triomphe me mettait des ailes aux chevilles.

III

Par les dessous du théâtre où me déversèrent des successions d'escaliers enténébrés et vermoulus, dont les marches vacillaient sous la semelle comme, sous la pesée du dentiste, vacillent des dents déchaussées, je m'aventurai avec précaution, voire avec un peu d'inquiétude. Brusquement, en effet, une terre inconnue se révélait à mes regards, toute une contrée insoupçonnée de pilotis enchevêtrés dressés en X, en T, en H, et qu'écrasait de sa pesanteur un plafond fêlé de minces caustières. Et à la lueur jaune de quinquets brûlant mélancoliquement derrière des grillages de laiton, c'était le mystère inquiétant des activités silencieuses ; des ombres allaient et venaient, dont je distinguais les cous puissants émergés de tricots à bandes bleues, les mains en gigots de moutons, les pieds chaussés d'espadrilles. Ces gens se grouillaient, il fallait voir ! Ils tiraient sur des câbles, baladaient des portants, se chamaillaient les uns les autres sans que je pusse saisir un mot de leurs discours, tandis que le piétinement du corps de ballet roulait des bouteilles dans le plafond et qu'aux alanguissements lointains d'une valse gémie à l'orchestre, venait se mêler, tombée de la bouche d'un porte-voix — comme d'une gouttière une trombe d'eau, — la voix du chef machiniste posté là haut, dans la coulisse.

— Attention !... Ouvrez les tiroirs !...

Il disait, et au même instant une rondelle du plafond glissée sur ses rainures démasquait une gueule de citerne où s'engouffraient des flots de clarté et de mélodie.

— Appuyez ! commandait la voix.

Et le mot n'avait pas été dit, qu'on voyait s'élever lentement, les pieds écartés en équerre, sur la plateforme d'une planchette que chassait vers le ciel l'effort de huit bras nus, une forme rigide et imposante quelque bonne fée ou quelque malfaisant génie ; celui-ci renfermant sur son corps ses ailes sinistres de chauve-souris ; celle-là s'arc-boutant à sa canne, et révélant, avec une tranquille impureté, par l'écartement de sa tunique, la splendeur charnue et rosée de sa cuisse.

C'était curieux et bien fait ; on aurait dit de la montée lente d'une fusée.

Pour moi, j'admirais de toutes mes forces, un peu déçu, pourtant, je l'avoue, car l'idée ne m'était pas venue que je dusse partager avec des étrangers la satisfaction d'être jeté tout vif à la surprise et aux acclamations d'une foule délirante d'enthousiasme. C'est vrai, quand on s'est habitué à se prendre pour le soleil, rien n'est plus agaçant et plus insupportable que de se buter à une concurrence. Or, comme je rêvais à ces choses, voici que s'éleva de nouveau, dans le silence bourdonnant des dessous, l'organe tonitruant du chef machiniste.

— Attention !

Je tendis l'oreille, visité d'un pressentiment.

— Amenez le chevalier Hanneton.

Le chevalier Hanneton !...

Je devins pâle.

Mon sang afflua à mon cœur où il sonna à coups de bélier.

Ah ! l'approche des victoires certaines ! le seuil enfin aperçu, des paradis convoités longuement !

A travers le trouble indicible où tout mon être se liquéfiait, une vision m'illumina ; je vis la salle debout, saluant en ma personne, d'applaudissements unanimes, le lever d'un astre nouveau, cependant que, frappée du coup de foudre, la petite Machinchouette éperdue, ramenait ses mains sur son cœur pour en comprimer les battements.

Je m'approchai ; une planchette de bois me reçut, un plateau dont maintenaient les bords quatre grands gaillards accroupis.

L'un d'eux me questionna.

— Vous y êtes ?

— Oui, répondis-je, après m'être assuré de la main que les petits matelassés ouateux de mon collant étaient toujours à la même place.

L'autre alors :

— Bon !... Tenez-vous droit, les bras au corps et et les talons sur la même ligne. Et ne craignez rien ; il n'y a pas de danger !

Comme il achevait :

— Appuyez ! meugla lugubrement le porte-voix acoustique.

D'un mouvement simultané, les quatre accroupis se dressèrent. J'eus l'impression d'une poussée brusque, me projetant du haut en bas par la pénombre, et saoul d'orgueil, défaillant à l'avance sous le poids des gloires qui m'attendaient... j'allai taper de mon crâne au plancher de la scène ! La trappe, QUE LES MACHINISTES AVAIENT OUBLIÉ D'OUVRIR, arrêta au passage l'essor sonore de ma tête, laquelle, à l'instant même, rentra en mes épaules, telle, à la foire au pain d'épices, la tête enturbannée du Turc, sous le coup de massue de l'amateur qui a parié de faire sortir Rigolo.

LA CINQUANTAINE

Rue de la Chapelle. Une cour au fond d'un cube haut de six étages dont les innombrables fenêtres sont pavoisées de linges et de langes. Presque à ras du sol, une croisée ouverte en carré révèle la loge du concierge et la silhouette de celui-ci, penché sur des bottes, qu'il retape. A angle droit sur la loge, une porte numérotée 100.

Un couple de miséreux s'apprête à chanter.

L'homme (soixante ans, barbe en broussaille couleur de cendre, les doigts de pieds vaguement devinés par l'à-jour de chaussures ouvertes en jeu de tonneau), tend, puis éprouve d'un doigt expert, les cordes de sa guitare.

Sa femme (aucun âge présumable : quarante ans ou soixante-cinq ; la poitrine comme une ardoise, emprisonnée en un désolant jersey qu'achèvent des basques en créneaux), interroge de son regard résigné le vide béant et noir des fenêtres.

L'HOMME

Ayez pitié, Messieurs et Dames, de pauv'z'ouver-

riers sans travail, affligés d'une nombreuse famille et qui en sont réduits à demander leur pain à la charité publique. Messieurs et Dames, nous avons neuf enfants au berceau, sans compter no't propriétaire...

LA FEMME, *bas*

Comment, not'propriétaire ?

L'HOMME, *même jeu*

Ta gueule. Je sais ce que je dis.

LA FEMME, *même jeu*

T'es saoul.

L'HOMME, *même jeu*

Ta gueule, que je te dis !... C'est bon !... (*Haut*)... sans compter not'propriétaire qui menace de nous mettre à la porte. Vous voyez, Mesdames et Messieurs (*Il attache sur la femme le regard chargé de haine d'un homme injustement outragé et que les circonstances mettent dans l'impossibilité de venger son honneur flétri*) comme la situation est digne d'intérêt... C'est à en pleurer !

LA FEMME

A chaudes larmes !

L'HOMME

C'est pourquoi nous allons chanter...

LA FEMME

... *La Cinquantaine*...

L'HOMME

... Romance...

LA FEMME

... En vers...

L'HOMME

... Paroles de Victor Hugo...

LA FEMME

... Musique de Richard Wagner !

Ils accordent leurs instruments.

L'HOMME, *les doigts à la guitare*

Sol ! Sol ! Sol ! (*à part, haussant les épaules*) !... Saoul !...

LA FEMME, *les doigts à la mandoline*

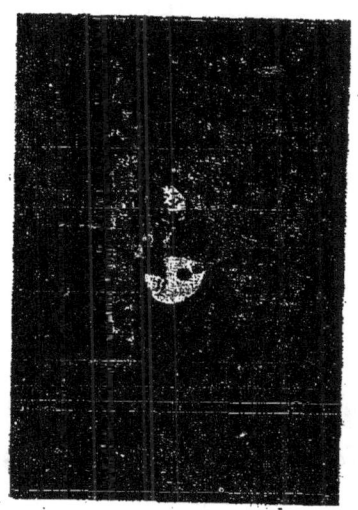

Do ! Do ! Do !... (*à part*). Mon propriétaire !

TOUS DEUX, *ensemble*

Mi, sol, do ! Mi, sol, do ! Do ! Do !

L'HOMME

Premier couplet !

LA FEMME

Voici venue enfin cette semaine,
Fête du cœur comme du souvenir,
Qui voit ici fleurir la cinquantaine
D'une union que rien n'a pu flétrir.

L'HOMME

Hélas ! le temps fuit avec les années !...
Mais si l'hiver poudre nos cheveux blancs,
Baisons pourtant nos lèvres embaumées !...
Nos cœurs, ma Jeanne, ont toujours leurs vingt ans.

ENSEMBLE

Viens ma chérie,
(L'instant charmant !)
Dans la prairie
Courir gaiement.
Viens, ah ! viens vite !
L'air parfumé,
Tout nous invite
A nous aimer.

Ritournelle sur la guitare et la mandoline, au cours de laquelle les deux mendiants, impassibles, échangent sans se regarder, le colloque suivant.

L'HOMME, *bas*

Vrai alors, t'en as du culot, d'oser dire que j'ai le nez sale.

LA FEMME, *bas*

Bien sûr, t'as le nez sale.

L'HOMME *bas*

J'ai le nez sale ?

LA FEMME, *bas*

Oui, t'as le nez sale !

L'HOMME

Espère un peu qu'on soye chez nous, je t'ferai voir, moi, si j'ai le nez sale. — Proparienne !

LA FEMME, *bas*

... Gros dégoûtant.

L'HOMME, *bas*

... Avec ma main sur la figure...

LA FEMME, *bas*

... Je t'emmène à la campagne.

L'HOMME, *bas*

... Et mon pied dans le derrière.

LA FEMME, *bas*

Cause toujours, tu m'intéresses.

L'HOMME, *bas*

Volaille !

LA FEMME, *bas*

Turbot !

L'HOMME, *bas*

Panier !

LA FEMME, *bas*

Ragoût !

L'HOMME, *bas*

C'est bon ! Ta gueule !... (*Haut.*) Do, mi, sol, do !

LA FEMME

Sol ! Sol ! Sol !

L'HOMME

Mi, sol, do, mi !

LA FEMME

Mi, mi, mi ! (*Bas.*) Gueule d'empeigne.

L'HOMME, *bas*

Figure de porc frais ! (*Haut.*) Deuxième couplet !

LA FEMME

En vain les ans fuyant à tire d'ailes
Sur nos baisers luirent cinquante fois,

Le même feu qui darde en mes prunelles
Garde à mon front ses pudeurs d'autrefois.

L'HOMME

Viens donc encore, étrange magicienne,
Griser mon œil de tes charmes troublants.

En rougissant, mets ta main dans la mienne...
Nos cœurs, ma Jeanne, ont toujours leurs vingt ans.

ENSEMBLE

Viens, ma sirène,
Comme autrefois,
Courir, ma reine,
Au fond des bois.
Viens de ma vie,
Astre pâmé !
Tout nous convie
A nous aimer.

Ritournelle sur la guitare et reprise du jeu de scène déjà vu.

L'HOMME, *bas*

Et le plus chouette, c'est que c'est elle qu'est saoule, justement.

LA FEMME, *bas*

Moi ? Eh bien t'en as une santé !

L'HOMME, *bas*

Tu parles, si faut que j'en aye une, pour rester de là, collé depuis plus de vingt berges avec une vieille peau pareille.

LA FEMME, *bas*

Ma peau vaut bien la tienne, casserole !

L'HOMME, *bas*

Comment que t'as dit ?

LA FEMME, *bas*

Casserole.

L'HOMME, *bas*

Répète-le un petit peu. Je te refile un marron par le blair, tu verras si c'est de l'eau de savon.

LA FEMME, *bas*

Casserole ! Casserole !

L'HOMME, *bas*

Tu crânes à cause qu'on est dans la bonne société. Espère un peu ; on n'y sera pas toujours. C'est malheureux, ça, aussi, de faire se moucher par une pétasse qui vous achète devant le monde et qui dit comme ça qu'on est saoul.

LA FEMME, *bas*

Ferme ta malle ! On voit Gouffé.

L'HOMME, *bas*

Zut !

LA FEMME, *bas*

Va donc, eh paquet !

L'HOMME, *bas*

Poison !

LA FEMME, *bas*

Plein de puces !

L'HOMME, *bas*

Tête à poux !

La femme tente de placer un mot ; mais lui, a déjà pris les devants ; il en a placé un, de mot ! un seul dont la concision éloquente a coupé court à toute espèce de discussion.

Sur quoi :

L'HOMME, *les doigts remués sur la guitare dont le bois creux résonne en plaintes sentimentales :*

Sol, mi, do !... Do ! Do !

LA FEMME

Do, mi, sol ! Sol ! Sol !... Troisième couplet ?
Elle chante :

Toc, toc ! Qui frappe à cette heure à la porte ?
Ciel ! c'est la mort !

L'HOMME

Jeanne, ne tremble pas.
La mort n'est rien, si notre amour plus forte,
Survit encore au plus prochain trépas.

LA FEMME

Dans le cercueil, où nos cendres glacées
Sommeilleront en l'horreur des néants,

L'HOMME

Pour nous chérir au bout de mille années,
Nos cœurs, ma Jeanne, auront encor vingt ans.

ENSEMBLE

Refrain

Viens sous la nue !
Entends vraiment

La voix émue
De ton amant.
L'instant suprême
Prêt à sonner
Veut que l'on s'aime !...
Viens nous aimer.

L'HOMME

Crève donc tout de suite, eh ! citrouille

LA FEMME

Sac à vin !

L'HOMME, *bas*

Planche à repasser ! Non, mais regardez-moi un peu ça. Mince d'épaisseur ! (*S'accordant*) : Do, mi, sol. (*Bas*). Sole, Sole.

LA FEMME, *furieuse*

Mi, sol, do ; mi, sol, do. (*Bas.*) Dos ! dos !

ENSEMBLE

Do, mi, sol do ! Do, mi, sol. do !

LE PRINCIPAL TÉMOIN

TRAGÉDIE EN VERS MÊLÉE DE PROSE

Une clairière dans la forêt de Saint-Germain.
Comme horizon : une ceinture d'immobiles futaies qu'a dorées l'automne de tons de rouille.

Comme plafond : un lourd ciel pommelé où rampent des chaos de montagnes aux crêtes argentées de blanc pur.

A une centaine de pas l'un de l'autre, affectant de ne se pas voir, deux messieurs aux visages graves arpentent fiévreusement le terrain. Ils sont vêtus de noir des pieds à la tête, et, des collets dressés de leurs redingotes, ils dissimulent leurs faux-cols dont la blancheur risquerait de s'offrir comme une cible au visé de l'adversaire.

A égale distance de chacun d'eux : le groupe des témoins. Le directeur du combat — un grand monsieur à longue barbe, de qui les mouvements de tête balancent la colonne lumineuse d'un irréprochable chapeau de soie — bourre méthodiquement un pistolet en tenant à ses assesseurs des discours fort intéressants sans doute, mais qui s'évaporent dans le vent et dont les deux adversaires tâcheraient en vain de pénétrer le sens.

LE COMBATTANT GRENOUILLOT, *qui cause tout seul, en attendant le moment de passer à de plus périlleux exercices.*

Le ciel d'octobre est gris et la forêt est rousse ;
L'automne se repaît de décès. — J'ai la frousse,
Et l'angoisse en sueur glace mon front.

    Un temps.

Pourquoi
Diable, ai-je été cocufier cet iroquoi ?
S'il m'allait, de son plomb lancé d'une main sûre...
Dieux immortels, veillez !
   Lyrique :

               Et quant à toi, Luxure,
Fruit de l'arbre du mal au jardin de Satan,
Sois maudite ! Ote-toi de mon chemin ! Va-t'en !
Ecole du péché qui nous as pour élèves,
Toi qui nous mets au cœur le fiel, aux mains les glaives,
Toi qui plombes les teints et cernes les yeux creux
Et qui fait s'éplumer les pauvres coqs entre eux,
Fuis, te dis-je ! Hâte-toi vers un autre rivage !
De mon cœur, où la peur exerce son ravage,
Fous le camp !
   Longue et mélancolique rêverie

           Echanger six balles !... A vingt pas ! ! !
   Brusque agacement.

Ah ! ça, ce principal témoin n'en finit pas !

Et le fait est qu'il n'en finit pas, ce témoin. Terriblement lent au gré du combattant Grenouillot, lequel, les nerfs sous pression, donnerait gros pour que l'honneur fût enfin proclamé satisfait, il s'obstine, depuis dix minutes, à bourrer, d'une même baguette, le canon d'un même pistolet. Pourquoi ? On n'en sait rien.

LE COMBATTANT GRENOUILLOT

C'est exaspérant !
Un temps.
Continuation du jeu de scène du principal témoin.
Soudain :

LE COMBATTANT GRENOUILLOT, *en proie au déchaînement des tardifs repentirs :*

           Non, mais quel besoin avais-je
De goûter ce bonbon au goudron de Norvège ?
Ce noir pruneau ? ce sec hareng-saur dont la peau
Flasque, se ride et tremble au vent, comme un dra-
                                 (peau ?...)
Quoi ! j'ai pu, de ce monstre enjuponné qu'adorne
Le semblant d'à-peu-près d'un vague fessier morne
Et de qui le corset fermé sur des manquants
Evoque les murs nus des logements vacants,
Envolupter les yeux énormes de dorade ?...
Hélas, oui !... C'était la femme d'un camarade ;
Par conséquent l'attrait d'un plaisir interdit...
L'homme n'est qu'un fourneau ; c'est Pascal qui l'a dit.
Né pour suivre tout droit et simplement la file
Des matins et des soirs que la Parque lui file,
En cueillant au hasard de la main les fruits mûrs
Dont l'été fait danser les ombres sur les murs,
Il lui faut le fumet des voluptés fraudées

Et des lapins tirés sur les chasses gardées !...
Il hausse l'épaule, écœuré à l'envisagé de la perversité humaine.
Cependant, à vingt pas de là, le principal témoin bourre toujours son même pistolet, en sorte que c'est vraiment à en devenir enragé. De temps en temps seulement, le poing droit immobilisé sur le canon de l'arme où la baguette demeure plongée, il interrompt l'allée et venue automatique de sa dextre pour questionner les autres témoins, tournant tour à tour vers chacun de ces messieurs son visage ruisselant du désir de convaincre ; puis, visiblement satisfait d'avoir en effet convaincu, il reprend le cours de son petit exercice.

LE COMBATTANT GRENOUILLOT, *les dents serrées sur des fureurs qui se contiennent :*

Paquet !...
Nouveau temps.
Le principal témoin continue à bourrer son arme.

LE COMBATTANT GRENOUILLOT, *qui reprend le fil de son discours.*

Et ça finit toujours, bien entendu,
Par le retour fâcheux autant qu'inattendu
Du mari, qu'on croyait bien loin. Sur quoi, la turne
Conjugale s'emplit de vacarme nocturne :

Cris de moutard à l'eau froide débarbouillé ;
Coups, qui ne partent pas, d'un revolver rouillé ;
Le plafond qui s'effrite en débris de coquille
Sur le satin piqué du couvre-pied jonquille ;
Et le sursaut des murs sous des coups de bélier !
Et la vieille qui gueule : « Au feu ! » dans l'escalier !
Enfin, tout le scandale affreux de l'adultère
Grondant comme le flanc tourmenté d'un cratère !...
Puis, c'est le châtiment, malfaiteur embusqué
Derrière l'aléa d'un pistolet braqué ;
Les coups de feu sonnent dans l'air comme des claques,
L'herbe verte, soudain rougeoyante de laques...
　　　Il soupire.
Ah ! j'ai regret d'avoir fait cet homme cocu.
　　　Brusquement.
Si je pouvais donner de mon pied dans le cul
Au principal témoin, j'y prendrais, Dieu me damne,
Plus de plaisir qu'à la lecture de Peau-d'Ane !
Certes, j'en ai connu pour avoir du culot ;
Ça ne fait rien ; je veux repousser du goulot
Au point d'en ébranler les gens sous leurs rotules,
Et prétends que mon nez se couvre de pustules,
Si j'ai jamais rien vu pour être comparé
Au démontant toupet de ce fils de curé !
Oui, je le hurle en le clairon d'un vers ternaire :
Ce client-là n'est, nom de Dieu, pas ordinaire !

Il en a plein le dos, ce garçon ; et, à vrai dire, il y a de quoi. Soudain, la patience lui échappe ; une colère s'empare de lui, et aussi l'impérieux besoin de tenir la clef du mystère. Il s'avance à pas de loup vers le groupe des témoins, incline le buste, la main au pavillon de l'oreille, et demeure figé comme de la gelée de veau, à entendre s'exprimer dans les termes suivants.

LE PRINCIPAL TÉMOIN, *qui, commis-voyageur en vin, ne laisse perdre aucune occasion de placer sa marchandise* :

C'est un petit bordeaux excellent, naturel, et qui deviendra supérieur avec quelques années de bouteille. Je vous le laisserais à deux cent quinze francs, tout rendu, et c'est bien parce que c'est vous, car à ce prix là, je ne gagne pas cent sous de commission.

LA PREMIÈRE LEÇON

— Tenez le guidon sans raideur ; veillez bien à ce que vos pieds ne quittent jamais la pédale, et allez carrément de l'avant !... De la confiance !... Toute l'affaire est là !— Allez ! Je vous tiens.

Ainsi me parlait dans le dos l'auteur charmant du *Mari Pacifique*, mon ami Tristan Bernard, maître en l'art d'écrire le français et agrégé de vélocipède, si j'ose m'exprimer ainsi. En même temps, joignant le geste à la parole, il avait, de sa dextre robuste, empoigné, au ras de mon fond de culotte, la selle de la bicyclette, théâtre de mes premiers essais, et il en maintenait le fragile équilibre.

— Je vous tiens, répétait-il ; allez !... Nom d'un pétard ! ne lâchez donc pas la pédale !... Ne lâchez donc pas la pédale !... Mais ne lâchez donc pas la pédale !...

— C'est à elle que vous devriez dire de ne pas me lâcher, répondis-je un peu agacé, inquiet, aussi, flairant la minute — prochaine — qui allait me voir couché, les quatre fers en l'air, dans les poussières du chemin.

Et le fait est qu'elle semblait le faire exprès, la pédale, tant était manifeste son obstination à se dérober à ma semelle pour tourbillonner ensuite dans le vide, avec la rotation précipitée d'une bobine qui se déroule. Mais, aveuglé par la passion, Tristan Bernard ne voulait rien entendre. Il apportait dans les débats une partialité révoltante, disant que j'étais dans mon tort, que je me servais de mes pieds comme un cochon de sa queue, et que tout cela, ça venait de ce que j'avais la vesse.

La vesse...

Rouge d'humiliation, je résolus d'infliger sans retard le plus éclatant démenti à cette assertion mensongère, et, ayant roidi mes mollets dont la tension élargit aussitôt les mailles de mes bas de laine à côtes, je mis ma bicyclette en mouvement.

La machine fit trois tours de roues.

Derrière moi :

—Très bien ! Vous y êtes ! fit l'invisible Tristan Bernard.

Puis, comme il répétait encore une fois : « Je vous tiens ! » ajoutant : « Vous ne tomberez pas ; c'est impossible ! »

— Oui, déclarai-je avec l'humilité bien feinte du monsieur qui a craint de mourir et qui sent se développer en soi d'héroïques témérités à mesure que son cœur se rouvre à l'espérance, je crois que ça ira tout de même.

Et, en somme, mon Dieu, ça allait. Ça allait mal, mais ça allait. Ma roue de devant se conduisait bien un peu à la manière d'une femme saoule, hésitante de la route à suivre, opérant de brusques conversions tantôt à droite, tantôt à gauche, qui m'eussent inévitablement précipité à bas de ma selle, n'eût été la main tutélaire de l'excellent Tristan Bernard ; n'importe ! la conscience où j'étais des progrès déjà accomplis décuplait mon énergie, et ma confiance puisait des forces toujours nouvelles en ma certitude désormais absolue de ne plus courir aucun péril.

De temps en temps, avide d'être encouragé, de recueillir de justes éloges :

— Ça va, hein ? demandais-je à Bernard toujours arcbouté sur ma selle.

Lui, immédiatement :

— Très bien ! Vous avez des dispositions.

— Sans blague ?

— Ma parole d'honneur.

— Tristan Bernard, vous vous moquez !

Alors, comme Alceste à Philinte :

— Je ne moque point ! assurait-il. Que ma figure se couvre de pustules, si vous n'allez seul dans deux jours !

Ces paroles me donnaient de l'espoir.

Cependant, il arrivait cette chose extraordinaire que plus je gagnais en vitesse, plus la voix de Tristan Bernard perdait en sonorité !... Il semblait qu'elle s'évaporât !... à croire que la mince couche d'air interposée entre moi et mon interlocuteur s'élargissait petit à petit, comme un soufflet d'accordéon, et je me réjouissais *in petto* mille fois plus que je ne saurais dire, car je ne doutais point que l'auteur du *Mari Pacifique* s'époumonnât à courir sur mes traces, préposé qu'il était au maintien et à la sauvegarde de mon centre de gravité.

L'homme est naturellement bon ; il aime à faire payer les services qu'on lui rend. L'idée que mon obligeant ami pouvait payer ses bons offices d'un commencement d'apoplexie n'avait rien qui me déplût ; loin de là ! En sorte que, me représentant par la pensée ses yeux injectés d'épuisement et son épaisse barbe brune ruisselante d'une humidité de mauvais aloi, je sentais pousser à mes pieds les ailes du divin Mercure, et que ma bicyclette, à cette heure, filait sur ses pneus, comme le vent.

Quelques minutes s'écoulèrent.

Soudain :

— Vous avez chaud, mon vieux ? demandai-je à Tristan Bernard, d'une voix doucement ironique.

L'interpellé ne répondit pas.

— Plus un mot ! pensai-je, pouffant de rire ; il ne peut plus placer un mot !...

Puis, haut :

— Ne vous gênez pas pour moi. Voulez-vous vous reposer un peu ?

Silence.

Ça devenait surprenant.

— Vous m'entendez, Tristan Bernard ?

Rien encore.

Du coup, l'inquiétude me prit. Que signifiait un tel mutisme ? Les pieds rivés à la pédale, les doigts crispés sur le guidon, je jetai un coup d'œil derrière moi... Miséricorde ! J'étais seul ! ! ! A droite, à gauche, à perte de vue, fuyait l'immense tapis des champs, hérissés de bluets et de coquelicots, tandis que là-bas, tout là-bas, silhouette que détachait en noir d'ombre chinoise le fond clair de l'horizon, Tristan Bernard, assis sur la crête d'un talus, me faisait signe de continuer.

Quoi donc !... je tenais sur ma machine sans le concours de qui que ce soit ?... Depuis peut-être cinq minutes, je devais à mes seuls talents de fouler le sol poudreux de la route ?... Ah ! ça ne traîna pas, je vous le jure ! Le sursaut des charmes rompus me frappa, à l'instant même, d'un coup de pied dans l'estomac. Je culbutai. Ma bicyclette tomba sur le flanc comme une masse, et je tombai, moi, sur la figure, emprouprant du sang de mon nez les mille arêtes d'un tas de cailloux que la main de la Providence toujours généreuse en ses vues, avait mis là, fort à propos, pour me recevoir.

UN MOIS DE PRISON

I

Marthe Passoire à O. Courbouillon,
député de Sarthe-et-Loiret.

Paris, 10 *mars.*

Monsieur le Député,

Pardonnez à une pauvre désespérée la liberté qu'elle prend de venir vous importuner au milieu de vos nombreux travaux. Pour que j'ose en user aussi indiscrètement avec un homme que ses mérites signalent au respect public depuis déjà tant d'années, il faut que j'y sois poussée par l'immensité du malheur qui me frappe, le plus grand, peut-être, qui ait jamais accablé une femme !... J'ajoute que Mme de T..., votre amie, Monsieur, et la mienne, m'a vivement engagée à m'adresser à vous, m'assurant que votre bonté est sans limites, votre complaisance sans bornes, et que vous vous ferez une fête de tendre à ma détresse une main secourable.

Veuille le ciel qu'elle ait dit vrai !

Monsieur le Député, je vais tout vous dire. C'est par la sincérité seule que je réussirai, je l'espère, à trouver le chemin de votre cœur. J'ai commis une faute, Monsieur le Député, une faute grave, si grave, tellement grave, qu'à la pensée d'en faire l'aveu, je sens le rouge me monter au front. J'ai été... — mon Dieu, quelle humiliation ! — ...en un mot, j'ai été surprise en flagrant délit de ce que vous savez, avec mon neveu le petit collégien, un gamin de dix-sept ans et demi !...

Vous allez dire : « Mais c'est honteux ! »

Je le sais, Monsieur le Député, et si je pouvais racheter mes torts d'une pinte de mon sang ou d'une livre de ma chair !...

Pourtant, vous ne sauriez me condamner sans m'entendre.

Il faut être juste, n'est-ce pas ? Il faut savoir faire la part des fatalités de la vie.

Oui, c'est honteux ! Oui, vous avez raison ! Oui, je suis la plus vile des femmes ! Mais le repentir efface tout, et puis, je ne dois pas vous le taire davantage, je n'ai péché que par imprudence. Oh ! pour ce qui est de ça, je puis vous le jurer sur ce que j'ai de plus sacré au monde : si je me suis rendue au rendez-vous de l'Hôtel Terminus, si j'ai accepté l'entrevue d'où je devais revenir déshonorée, hélas ! flétrie, souillée à tout jamais, je l'ai fait dans un but excellent. Je voulais sermonner ce bambin, qui me persécutait de lettres et de pièces de vers extravagantes ; j'espérais le mettre à la raison, grâce à quelques paroles sévères. Malheureusement, les choses ont mal tourné. Seul avec moi, mon galopin a commencé à faire le fou, criant, pleurant, se frappant la tête contre le mur, jurant que j'étais toute sa vie, toute son âme et toute sa pensée, et me menaçant, si je ne cédais, de se brûler la cervelle à mes pieds. A la fin, j'ai perdu la tête... je ne sais plus ce qui s'est passé !... Bref, mon mari (qui, sans doute, avait eu vent de quelque chose) est survenu, accompagné du commissaire de police. Procès-verbal a été dressé, et j'ai été condamnée, hier, à un mois d'emprisonnement pour détournement de mineur. Un mois de prison, oh ! mon Dieu !... Etre enfermée pendant un mois à Saint-Lazare, avec les voleuses et les prostituées !... Jamais ! Oh ! cela, non, jamais !... Tout ce qu'on voudra, mais pas cela !... Plutôt cent fois, plutôt mille fois la mort !

Monsieur le Député, je n'ai plus d'espoir qu'en vous. Mme de T..., à laquelle je me suis confessée, me dit que vous êtes l'ami intime du ministre de la justice et qu'il vous suffirait de lui glisser un mot pour me faire obtenir la remise de ma peine à la commission des grâces. Ce mot, Monsieur, vous le direz, car vous voudrez, j'en suis sûre, m'empêcher de faire un malheur !... Ai-je besoin d'ajouter que toute une vie de gratitude, d'abnégation et de dévouement, ne suffira pas à payer un si éclatant service ?

Dans la conviction où je suis que vous entendrez ma prière, que je n'aurai pas frappée en vain à la porte du plus noble et du plus généreux des hommes, je vous prie d'agréer, Monsieur le Député, l'expression du profond respect avec lequel j'ai l'honneur d'être

Votre très humble, très obéissante et bien affligée servante,

MARTHE PASSOIRE.

P. S. — Le petit collégien a été embarqué à bord de la *Belle-Junon*.

II

O. Courbouillon à Marthe Passoire

11 *mars*.

Madame, en réponse à votre lettre, je m'empresse de vous informer que je reçois tous les matins, de dix heures et demie à midi, et que je serai heureux de causer un instant avec vous.

Recevez, Madame, mes salutations.

O. Courbouillon.

III

Marthe Passoire à O. Courbouillon

17 mars

Monsieur et très cher ami,

Depuis que vous avez bien voulu m'accorder une audience, cinq jours se sont écoulés, cinq mortels jours, qui m'ont paru plus interminables que des siècles, et au cours desquels j'ai cru pouvoir me permettre de vous écrire quatre fois.

Mes lettres sont demeurées sans réponse.

Ne sachant que penser ; cherchant, sans la trouver, l'explication d'un silence aussi prolongé que mystérieux, je me demande avec terreur ce que j'en dois augurer pour mon recours en grâce !... Auriez-vous recueilli sur mon compte des renseignements défavorables ? En ce cas, je n'aurais plus qu'à me détruire, car jamais une femme sans défense, abandonnée de tout et de tous, ne se serait plus injustement butée à l'iniquité d'ennemis acharnés à vouloir sa ruine !... Heureusement, Monsieur et très cher ami, mon passé répond pour moi. Il est pur de toute souillure ; ça, je peux vous le jurer sur la tombe de mon père ! (Je ne parle pas de l'affaire du petit collégien; plus j'y pense, plus je suis convaincue que j'ai agi sous le coup d'un accès de folie.)

Alors, quoi ?

Pourquoi ce silence ? Aurais-je fait sur vous une mauvaise impression ? Votre accueil si bienveillant, vos compliments si flatteurs, les paroles de consolation et d'espérance, si douces à mon inquiétude, que vous m'avez prodiguées, m'autorisent à n'en rien croire. Est-ce parce qu'à un moment je vous ai dit : « Otez vos mains, ne faites pas l'enfant, soyez sage ! » Si c'est pour ça, si c'est parce que je vous ai parlé d'une façon aussi impolie, eh bien, je vous en fais mes excuses. Je ne savais pas ce que vous vouliez ; puis, je vous l'avoue, j'ai eu peur !... Vous aviez l'air d'un gros lion.

Par pitié, Monsieur et très cher ami, mettez un terme à mon supplice, en me faisant savoir si, comme vous deviez le faire, vous avez parlé pour moi à M. le garde des sceaux, et si, dans tous les cas, je puis toujours compter sur votre précieuse protection. Moi, c'est bien simple, je ne sais pas comment je vis ! Je ne mange plus ; je ne dors plus ; on ne sonne plus à ma porte que je ne saute au plafond... Je crois toujours que c'est les gendarmes ! J'ai les nerfs dans un état ! ! !...

Votre dévouée et bien à plaindre,

MARTHE PASSOIRE

IV

O. Courbouillon à Marthe Passoire

17 *mars.*

Chère Madame,

Vous êtes une enfant, de vous désoler ainsi. Un mois de prison, qu'est-ce que c'est, comparé à l'éternité ? Tout cela, d'ailleurs, peut s'arranger ; seulement, je vous en préviens, ça dépend de vous. Passez donc chez moi demain matin, autant que possible vers neuf heures. Nous causerons, touchant votre affaire.

Votre tout dévoué,

O. COURBOUILLON.

V

O. Courbouillon à Marthe Passoire

19 *mars.*

Je quitte le ministre.
C'est fait.

Je n'ai pu obtenir que la commutation de la peine, au lieu de la remise pleine et entière : la condamnation de prison à un mois est remplacée par une amende de 2000 francs. Comme vous êtes mariés sous le régime de la communauté, c'est ton mari qui la paiera.

Ma bouche sur le bec à Coco.

O.

VI

Marthe Passoire à O. Courbouillon

20 mars.

O mon Coco!... O mon Coco!... Alors, c'est vrai, hein ? c'est vrai, dis ? On ne me mettra pas en prison ?... O jour de joie ! jour d'ivresse !... Depuis ma première communion, je n'ai jamais été si heureuse !...

— Et puis, tu sais, pour un député, tu es joliment polisson !...

MARTHE.

P. S. — Est-ce que tu es aussi l'ami du ministre de la marine ? En ce cas, tu serais bien mignon de lui glisser un mot à l'oreille pour qu'il fasse revenir mon petit neveu.

M.

LE TORTILLARD

Equilibré sur ses béquilles, sa jambe coupée, que prolonge la culotte posée au coussinet de la jambe de bois en angle de 45 degrés, le tortillard se rend à ses occupations par la rue de La Rochefoucauld.

C'est en effet un tortillard très bien, comme vous et moi autant dire, qui n'implore pas la charité publique sous des auvents de portes-cochères, mais qui a, au contraire, de la fierté plein le cœur et conquiert noblement son pain. — Il a une belle main, s'il a une foutue jambe, en sorte que Mᵉ Lebourru, huissier près le tribunal de première instance à Paris, lui fait faire des écritures à raison de vingt centimes la page.

Quatre francs par jour, environ.

Vous me direz :

— Ce n'est pas le Pérou.

Ce n'est pas le Pérou, bien entendu. Mais outre

que MM. les bancroches sont réputés pour l'excellence de leurs mœurs (par opposition à MM. les bossus qui sont des personnes débauchées), le tortillard dont il s'agit a reçu du ciel un cœur pur, un fonds de philosophie sereine et le goût de la médiocrité. Comme l'étude Lebourru est chauffée de novembre à mars, qu'il peut deux ou trois fois par jour aller fumer aux cabinets, que ses collègues, avides de ne point l'humilier, feignent de ne pas remarquer sa jambe et lui témoignent beaucoup de considération, il serait un tortillard heureux, sans un cheveu, qu'il a dans sa vie.

Car ce pauvre homme a un ennemi : un chien de boucher de la rue Pigalle, qui, ne pouvant le voir en peinture à cause de son infirmité, le lui fait cruellement sentir.

Tous les matins c'est la même comédie : le derrière dans la sciure de bois, du seuil de sa boucherie qu'il garde, le chien espionne à l'horizon l'apparition du boîteux. Et dès que point, en les éloignements de la rue, la silhouette bizarrement balancée de ce dernier, l'exaspération s'empare de lui, la rage écumante et farouche d'une Pythie en mal d'oracle. Il s'élance, il traverse la rue comme un obus, et ayant joint celui qu'il hait, tour à tour il le suit, le flanque, le précède, avec des aboiements furieux qui insulte la jambe de bois, lui reprochent d'être en bois et dès lors crimi-

nelle, et en signalent l'infamie à la vindicte publique :

— Tortillard ! Sale tortillard !... Tu me dégoûtes avec ta saleté de guibolle !... Ouah ! ouah !... Il a une quille en bois !... Si ce n'est pas une abomination de promener une quille pareille ! Tortillard ! Sale tortillard !

Cependant, les lèvres pincées :

— Ah! pense en soi le pauvre tortillard, comme tu aurais un coup de ma béquille par le nez, si je n'avais pas peur, vilaine bête, de me flanquer les quatres fers en l'air !

Oui, mais voilà ; il se les flanquerait en l'air, les quatre fers, inévitablement ; et le chien, qui n'en ignore pas, abuse de la circonstance. A la grande joie des gamins qui lui donnent bruyamment raison, il redouble de malédictions, saute, danse, rebondit, injurie, vocifère, tandis que l'impuissant tortillard, rouge de honte, se hâte vers l'étude Lebourru, — pareil, entre ses deux béquilles, au battant agité d'une cloche, son derrière démantibulé tendu sous le pan de sa redingote comme un paquet qui lui pendrait des épaules.

Or le tortillard, ce jour-là, a eu une idée lumineuse: partir plutôt qu'à l'ordinaire et passer par la rue de La Rochefoucauld.

C'est un détour de deux minutes (autant de pris sur les douces paresses matinales goûtées en les tiédeurs du lit) ; mais le mal n'est pas considérable, compensé et au-delà, d'ailleurs, par la joie que goûte l'employé à jouer au méchant chien, son ennemi, un tour.

La bonne farce ! Il s'en réjouit, se louant d'en

avoir eu l'idée, s'étonnant de ne l'avoir pas eue un peu plus tôt.

Par la pensée il remercie le ciel qui l'a créé ingénieux ; l'évocation lui met un rire sous la moustache, du chien qui l'attend côté cour, cependant que lui, pas bête, s'échappe par le côté jardin.

Soudain, à son oreille :

— Tortillard ! fait une voix.

Il se retourne, éperdu.

Sur le seuil de sa pâtisserie qu'illumine le soleil radieux de la matinée, une belle pâtissière ricane du tortillard et s'égaye aux dépens de sa jambe. Il la dégoûte, elle aussi, avec sa saleté de guibolle ; et si, précisément, elle ne le lui aboie pas, elle le lui hurle aux yeux, de ces yeux où les femmes, si bien, savent mettre le coup de couteau de leur écrasante pitié. Et le triste tortillard, déserté de toute espérance, se demande avec anxiété par quelle rue il gagnera désormais son étude, puisque l'implacable providence semble se faire un jeu de le vouer à la férocité de bêtes malfaisantes, qui sont tantôt les chiens de bouchers, et tantôt les belles personnes.

TABLE DES MATIÈRES

L'Ours 3
Monsieur le Duc. 9
Roland 15
L'Incendie 25
Le chevalier Hanneton 29
La Cinquantaine. 41
Le principal témoin 53
La première leçon 61
Un mois de prison 67
Le Tortillard 73

Fontenay-aux-Roses. — Imp. Louis Bellenand.

www.ingramcontent.com/pod-product-compliance
Lightning Source LLC
LaVergne TN
LVHW020958090426
835512LV00009B/1941